Die Vierte Gewalt

Neuhardenberger Gespräche zur Zeit 3

Manfred Bissinger, Julia Friedrichs,
Hans Leyendecker und
Günter Wallraff im Gespräch
mit Volker Panzer

Die Vierte Gewalt

Vom Verschwinden des investigativen Journalismus

HERDER

FREIBURG · BASEL · WIEN

Die Veranstaltung ›Die Vierte Gewalt – Vom Verschwinden des investigativen Journalismus‹ fand am 16. Mai 2013 auf Schloss Neuhardenberg statt.
Die Reihe ›Neuhardenberger Gespräche zur Zeit‹ ist ein Projekt der Stiftung Schloss Neuhardenberg.
www.schlossneuhardenberg.de

www.herder.de

Fotos im Innenteil:
© Stiftung Schloss Neuhardenberg/Thorsten Stapel

Satz: Barbara Herrmann, Freiburg
Herstellung: CPI – Clausen & Bosse, Leck

Printed in Germany

ISBN 978-3-451-30922-9

Die Vierte Gewalt –
Vom Verschwinden des
investigativen Journalismus

VOLKER PANZER: Herzlich willkommen, meine Damen und Herren, zum dritten ›Neuhardenberger Gespräch zur Zeit‹. »Alles, was wir von der Welt wissen, wissen wir aus den Massenmedien« – so einfach und provokant brachte es der Soziologe Niklas Luhmann auf den Punkt. Und er hat ja recht. Aus dem Fernsehen, aus den Zeitschriften, auch aus den Büchern, die ebenfalls Massenmedien sind, machen wir uns seit der Erfindung des Buchdrucks ein Bild von der Welt, in der wir leben. Und schon früh hat Jean Jacques Rousseau – nachdem Montesquieu mehr oder weniger die Gewaltenteilung erfunden hat, ohne die heute kein demokratischer Staat auskommt – die Presse als »Vierte Gewalt« bezeichnet.

Investigativer Journalismus, jetzt kommen wir zu unserem Thema, will die Wächterfunktion der Vierten Gewalt aufnehmen. Er will aufdecken, was schief läuft oder schief gelaufen ist, und das hat mitunter Folgen: Ich erinnere nur an die Watergate-Affäre von 1974, die sogar einen amerikanischen Präsidenten zu Fall brachte. Auch hier bei uns gab es spektakuläre Aufdeckungen, über die wir noch reden werden. Unser Thema lautet also heute: ›Die Vierte Gewalt – Vom Verschwinden des investigativen Journalismus‹. Ob mit oder ohne Fragezeichen, wird sich in diesem Gespräch erweisen. Wir fragen: Wie steht es im Zeitalter der Beschleunigung, des Infotainments und der Ökonomisierung aller Lebensbereiche um diese Vierte Gewalt? Gibt es noch kritischen Journalismus, der aufwendige Recherche betreibt und sich nicht bloß auf die gängigen Suchmaschinen verlässt? Droht der Journalismus als Vierte Gewalt vielleicht sogar zu verschwinden? Gaukeln die Medien uns eine schöne neue Welt vor, die es so gar nicht gibt? Und gibt es dennoch Möglichkeiten, eine andere Richtung einzuschlagen?

Meine Gäste hier im Schloss wissen Bescheid. Ich darf vorstellen:

Manfred Bissinger, Jahrgang 1940, ist Journalist und Verleger. Er war Reporter der legendären Fernsehsendung ›Panorama‹, er deckte als Stellvertretender Chefredakteur des ›Stern‹ schon 1975 Steuerhinterziehungen auf. Er war Pressesprecher des Hamburger Senats unter Hans-Ulrich Klose, veröffentlichte als Chefredakteur von ›Konkret‹ Versäumnisse des Bundesnachrichtendienstes und bot als Herausgeber und Chefredakteur der von ihm gegründeten Zeitschrift ›Die Woche‹ »Orientierungshilfe für die junge Intelligenz«, so hieß der Untertitel dieser Zeitschrift.

Davor war er noch Chefredakteur von ›Natur‹ und der ›Merian‹-Hefte. Bis 2010 war er Geschäftsführer von Hoffman & Campe Corporate Publishing in Hamburg. Inzwischen hat er sich mit einem eigenen Unternehmen selbstständig gemacht. Herzlich willkommen, Manfred Bissinger.

Julia Friedrichs, Jahrgang 1979, ist Journalistin und Autorin. Sie hat in Dortmund und Brüssel Journalismus studiert und arbeitet unter anderem als freie Fernsehautorin beim WDR. 2007 erhielt sie den Axel-Springer-Preis für ihre Sozialreportage ›Abgehängt – Leben in der Unterschicht‹. Ihre Bücher ›Gestatten, Elite – Auf den Spuren der Mächtigen von Morgen‹ (2008) und ›Ideale – Auf der Suche nach dem, was zählt‹ (2011), wurden viel zitierte Bestseller. Am 10. Mai 2013 lief in ihre Dokumentation ›Ideale – Wofür lebst du, wofür kämpfst du?‹. Willkommen, Julia Friedrichs.

Hans Leyendecker, Jahrgang 1949, gilt als der profilierteste investigative Journalist Deutschlands. Zuerst war er beim ›Spiegel‹, dann ab 1997 bei der ›Süddeutschen Zeitung‹. Dort übernahm er schon früh sein Wächteramt und deckte die Flick-Affäre auf, in die Otto Graf Lambsdorff und Hans Friderichs verwickelt waren. Hans Leyendecker deckte die Traumschiff-Affäre um Lothar Späth auf und die Steueraffäre um Steffi Grafs Vater Peter Graf. 1999 stürzte sogar Helmut Kohl über die Spenden-Affäre. 2009 enttarnte Leyendecker die Drehbuch-Affäre Doris Heinze. Am 11. Mai 2013 stand in der ›Süddeutschen Zeitung‹, dass Bernie Ecclestone, der große Boss der Formel 1, kurz vor der Schmiergeldanklage steht, und am 13. Mai enttarnte Hans Leyendecker das Kartoffel-Kartell, bei dem es um das große Geld mit Linda und Belana ging. Herzlich willkommen, Hans Leyendecker.

Günter Wallraff, Jahrgang 1942, brauche ich eigentlich gar nicht vorzustellen. Enthüllungsjournalist, Schriftsteller und, wie er mir bereits in meinen ›nachtstudio‹-Zeiten erklärte, auch Steine-Sammler. 1966 erste Reportagen in der Gewerkschaftszeitung der IG-Metall und später bei ›Pardon‹, ab 1968 bei ›konkret‹. 1969 erschienen ›13 unerwünschte Reportagen‹. 1974 kettete er sich an einen Laternenmast in Athen, um gegen die dortige Junta zu demonstrieren. 1973 erschien ›Ihr da oben – wir da unten‹, 1977 ›Der Aufmacher. Der Mann, der bei Bild Hans Esser war‹. Diesen großen Erfolg wird er bis heute nicht los. 2009 drehte er den Film ›Schwarz auf Weiß‹, dafür ließ er sich Gesicht,

v.l.n.r.: Volker Panzer, Hans Leyendecker, Julia Friedrichs, Günter Wallraff und Manfred Bissinger

Hände und Arme schwarz anmalen und ging als Farbiger durch Deutschland. Das war ein sehr interessanter Film, der aber auch Kritik auslöste. Am 17. Juni 2013 startet bei RTL das ›Team Wallraff. Reporter undercover‹. Herzlich willkommen, Günter Wallraff.

Günter Wallraff, Stichwort Vierte Gewalt: Wie würden Sie sich beschreiben? Als investigativen Journalisten oder als Missionar der guten Tat?

GÜNTER WALLRAFF: Missionar der guten Tat würde ich ablehnen. Es ist sicher eine ursprüngliche Form der Reportage. So hat das im amerikanischen Journalismus begonnen. Auch hier gab es dafür ja Vorläufer, es gab Egon Erwin Kisch. Ich meine damit, dass man sich nicht alleine vom Schreibtisch her informiert. Bei mir fing das damit an, dass ich ein schlechter Schüler war, ich hatte ein Theoriedefizit. In Deutsch, Kunst und Sport hatte ich eine Eins, aber alles Abstrakte und Theoretische war für mich ein Horror. In abstrakten Fächern war ich immer völlig überfordert, ich musste die Dinge selbst erfahren, ich musste sie sinnlich erfahren. Aus diesem Manko habe ich meine Produktivkraft entwickelt. Und so versuche ich auch jetzt, es anderen zu vermitteln, weil das oft eine größere Wirkung, eine größere Glaubwürdigkeit hat. Man macht es beweiskräftig. Man ist sein eigener Zeuge. Das überträgt sich auch aufs Schreiben: Es wird viel nachvollziehbarer.

Meine Arbeit ist manchmal allerdings auch eine Nahtstelle zu einer Menschenrechtsinitiative. Gerade auch die Griechenland-Aktion war ja Mittel zum Zweck. Ich wollte in die Rolle eines politischen Gefangenen kommen, um in der Bundesrepublik etwas klarzustellen: Damals wurde über Griechenland als Nato-Partner gesprochen, über Wirtschaftsinteressen. Über die Menschenrechtsverletzungen der Militärdiktatur sprach man kaum. Große Zeitungen wie die ›Frankfurter Allgemeine

Zeitung‹, die ›Welt‹ und so weiter haben das verharmlost. Auch die konservative Politik hat es gerechtfertigt. Und da wollte ich Öffentlichkeit herstellen. Das Buch ›Unser Faschismus nebenan. Griechenland gestern – ein Lehrstück für morgen‹ war schließlich mehr eine Chronik, meine Aktion am Laternenmast auf dem Syntagma-Platz wiederum war eine konkrete Tat. So mischt sich da was.

VOLKER PANZER: Herr Leyendecker, Sie würden eher vom Schreibtisch aus arbeiten, also nicht auf die Straße gehen, sich nicht verkleiden?

HANS LEYENDECKER: Ja.

VOLKER PANZER: Wie würden Sie die Methode von Herrn Wallraff beschreiben? Ist das tatsächlich eine neue Form des Journalismus? Oder ist es etwas anderes? Ist es Politik-Pushing?

HANS LEYENDECKER: Wallraffs Methode halte ich, wenn ich die gesellschaftliche Bedeutung dieser Methode im Blick habe, für ganz wichtig. Durch keine andere noch so gute Reportage kann man es so eindringlich machen, wie durch die Methode

Wallraff – beispielsweise bei der Figur Hans Esser im Fall der ›Bild‹-Zeitung. Gott sei Dank wird Wallraff immer wieder mit dieser Rolle verbunden. Wenn wir in den amerikanischen Journalismus zurückschauen, ins 19. Jahrhundert: Da hat es sehr früh auch Frauen gegeben, die in die Irrenhäuser, wie es damals hieß, gegangen sind oder in die Schlachthöfe. Oder erinnern wir uns auch an Upton Sinclair, das hat eine lange literarische Tradition. Nur mit meinem Rollenverständnis hat das nichts zu tun. Ich bin dankbar, dass es Leute wie Wallraff gibt, und ich finde es für die Gesellschaft toll, dass es sie gibt. Aber mit meiner Form des Journalismus hat das nichts zu tun. Also: Ich habe ein Team von Leuten, da muss sich jeder immer mit seinem Namen nennen und muss sagen: Ich bin von der ›Süddeutschen Zeitung‹. Aber Wallraffs Methode ist für eine Gesellschaft ungleich wichtiger.

VOLKER PANZER: Eine vielleicht indiskrete Frage: Wie machen Sie das? Sie sitzen ja nicht in München bei der ›Süddeutschen Zeitung‹, Sie leben im Bergischen Land.

HANS LEYENDECKER: Ja, aber ich habe ein Büro in München und ich habe ein tolles Team von jungen Leuten.

VOLKER PANZER: Sie müssen auch ein riesiges Netzwerk haben.

HANS LEYENDECKER: Gut, mit dem Alter hat man das eine oder andere. Aber ich arbeite mit jungen Leuten, die schon unheimlich weit sind. Die sind Anfang oder Mitte dreißig und können sehr viel. Und es gilt der Ansatz: Wir bekommen Platz in der Zeitung. Gut, manche Ressorts sind nicht immer begeistert, aber die meisten schon. Wir machen Geschichten über Festplatten, Offshore, CIA, NSA, Korruption oder das Kartoffel-Kartell und versuchen, sie möglichst hintergründig zu recherchieren. Das ist Recherche-Journalismus, der manchmal ein bisschen exzessiver ist als bei anderen Blättern und hoffentlich manchmal auch besser.

VOLKER PANZER: Frau Friedrichs, Sie machen etwas ganz anderes. Sie verkleiden sich nicht wie Wallraff, Sie haben aber auch kein großes Rechercheteam, sondern Sie setzen Themen. Sie sagen: Ich will jetzt mal wissen: Was heißt eigentlich

Elite? Oder: Was sind Ideale? Würden Sie sich als Journalistin begreifen oder als jemand, der in die Gesellschaft, was ich Herrn Wallraff vorgeschlagen habe, eingreifen will?

JULIA FRIEDRICHS: Nein, ich bin Journalistin. Ich habe das gelernt und ich bin von der Rolle her eine klassische Reporterin. Ich habe einmal verdeckt gearbeitet, bei McKinsey. Ich habe so getan, als wollte ich Unternehmensberaterin werden, und das komplette Bewerbungsverfahren durchlaufen. Ich fand es für mich selbst sehr schwierig, wenn eine Recherche auf so einem Schwindel, so einer Lüge basiert. Und ich würde für mich sagen: Die Hürde dessen, was ich da rausfinden muss, muss sehr hoch sein, damit dieses Mittel gerechtfertigt ist. Ich habe Schwierigkeiten mit dieser Undercover-Methode, wenn sie als Effekt eingesetzt wird. Beim Fernsehen, finde ich, sagt man manchmal einfach: Wir drehen verdeckt, weil es irgendwie geiler wirkt, weil es spannender wirkt. Ich finde, wenn man wirklich etwas herausfindet, ist das legitim, und ich finde es toll, dass es solche Reportagen gibt. Ich aber mache es so, dass ich auch meinen Namen nenne, dass ich sage, wofür das genau ist, dass ich die Leute mit dem konfrontiere, was ich später berichten werde. Ich weiß nicht, ob ich das jetzt investigativen Journalismus nennen würde. Was ich in meinen Reportagen mache, ist, Milieus aufzuschließen, wo man nicht so richtig hinkommt. Beispielsweise die Gattinnen in Blankenese, die ich vor Kurzem porträtiert habe. Ein anderes Beispiel: Ich war jetzt gerade vier Monate in einem Arbeitsamt in Braunschweig. Das ist manchmal scheinbar unspektakulär. Ich finde aber, wenn man Zeit und Mühe investiert und sich wirklich über Monate in das Büro eines Arbeitsvermittlers setzt und einfach da ist und zuhört, findet man doch sehr, sehr viel heraus über die Arbeit der Leute.

VOLKER PANZER: Jens Bisky hat einmal über Sie geschrieben: Sie will eine moralische Flatrate. Hat er da Recht? Haben Sie ein moralisches Anliegen?

JULIA FRIEDRICHS: Nein, eigentlich nicht. Ich finde, das ist eine falsche Einschätzung. Ich weiß bei den Themen vorher nicht, was rauskommt, und ich glaube, das ist es auch, was es ausmacht. Ich habe nicht das Ansinnen, mit meiner Arbeit irgendetwas in eine bestimmte Richtung zu drehen. Was ich wirklich möchte, ist, dass der Leser am

Ende an einem Punkt ist, an den er ohne diesen Text nicht gekommen wäre. Natürlich schließt man da eher Milieus auf, die verdeckt, die verborgen sind. Ich war auf den Kaiman-Inseln und habe mir da die Steueroase angeschaut. Natürlich kann man jetzt fragen: Geht man damit gegen Steuerhinterziehung vor? Ich weiß es nicht.

VOLKER PANZER: Was sieht man da? Sieht man dort nur die Blechschilder?

JULIA FRIEDRICHS: Ja, das sieht so ein bisschen aus wie im Industriegebiet von Eberswalde, ohne jetzt Eberswalde zu nahe treten zu wollen. Es sind kleine Bürohäuser mit sehr, sehr vielen Firmen.

GÜNTER WALLRAFF: Es wäre aber auch nicht verwerflich gewesen, wenn dort jemand in so einer Hedgefonds-Geschichte in eine Investmentfirma eingedrungen wäre. Er hätte vielleicht sogar einen höheren Erkenntnisstand erhalten.

JULIA FRIEDRICHS: Natürlich, wenn man diese Hürde überwindet und wirklich etwas herausfindet.

VOLKER PANZER: Herr Bissinger, Sie sind nicht nur Journalist, sondern auch Verleger. Sie haben immer eine Chefposition gehabt.

MANFRED BISSINGER: Versucht zu haben.

VOLKER PANZER: Und Sie haben als Chefredakteur oder Stellvertretender Chefredakteur des ›Stern‹ eine der ersten Reportagen über Axel Springer gebracht. Es gab einen Riesenaufstand damals. Wie würden Sie diese Vierte Gewalt, nun müssen wir das Thema noch mal nennen, bezeichnen? Ist das tatsächlich etwas, das man – wie Judikative, Legislative, Exekutive – sozusagen ›Journalistikative‹ nennen könnte?

MANFRED BISSINGER: Kein schönes Wort, aber das könnte man vielleicht tun. Ich hatte immer das Gefühl, dass Journalismus zuallererst der Aufklärung verpflichtet ist und darin seine Funktion hat. Deshalb ist investigativer Journalismus für mich unverzichtbares Handwerk, nämlich nachzufragen und sich nicht darauf einzulassen, was einem tagtäglich vor- und hingelegt wird. Ein Großteil der Journalisten plappert doch nur nach, versucht zwar, manchmal mit anderen Worten zu arbeiten, aber in der Regel gelingt das nur schlecht. Wenn Sie eine Untersuchung machen würden, inwieweit sich die Pressemeldungen von Daimler-Benz in den Zeitungen und den Nachrichten niederschlagen, dann wären Sie erschrocken. Es ist meist der vom Unternehmen gewählte Ton und Wortlaut. Ich habe Journalisten immer unterschieden in Merker, also sehr notwendige Kollegen, die Nachrichten produzieren, und in Täter. Mich habe ich immer für einen Täter gehalten. Merker sind die, die versuchen, die Realität möglichst objektiv abzubilden, also anzusehen und zu beschreiben. Wobei natürlich auch das meist subjektiv ist, weil es Objektivität im Prinzip ja nicht gibt. Ich aber habe immer versucht, Täter zu sein – Wallraff ist für mich ganz sicher auch ein Täter – und habe als verantwortlicher Redakteur versucht, es auch anderen Kollegen zu ermöglichen, das zu tun, was Wallraff getan hat. Er war für mich immer ein sehr, sehr guter Autor. Dabei war er ja nicht unbedingt beliebt. Die Zeitungen sind nicht hinter ihm her gewesen, um seine Manuskripte zu drucken. Es war zumeist anders. Er musste gucken, dass er jemanden fand, der seine Geschichten drucken wollte. Zu meiner Zeit war Täterschaft noch etwas anderes als das, was man sich heute darunter vorstellt. Wir hatten keine Presse, die, wie ich heute manchmal das Gefühl habe, fast »gleichgeschaltet« ist und immer geschlossen hinter irgendwas herläuft. Ich weiß, das Wort soll man nicht benutzen, weil es ein Nazi-Wort ist. Aber die Situation der veröffentlichten Meinung macht auf mich oft diesen Eindruck.

VOLKER PANZER: Gab es Konkurrenz unter den Wochenzeitschriften ›Stern‹, ›Spiegel‹, ›Zeit‹, wollte man dem andern mal einen Scoop weggenehmen?

MANFRED BISSINGER: Das wollte man immer, klar. Aber man muss wissen, dass es damals Lager gab. Und diese Lager haben gegeneinander gekämpft. Da gab es auf der einen Seite den ›Stern‹, den ›Spiegel‹, die ›Zeit‹, in vielen Fragen auch die ARD, und auf der anderen Seite waren der gesamte Springer-Verlag, angeführt von ›Bild‹ und ›Welt‹, die ›FAZ‹, sehr viele regionale Zeitungen und das ZDF. Diese Lager standen sich gegenüber. Und aus der Reibung, die das auslöste, entstand auch guter Journalismus, nicht nur auf einer Seite, auf der anderen Seite auch. Beide mussten sich auch ganz schön anstrengen, um mit ihren Themen und Meinungen durchzukommen. Aus dieser Reibung entstand aber oft auch Wahrheit und Aufklärung.

VOLKER PANZER: Herr Leyendecker, braucht man Lager, um tatsächlich investigativ zu arbeiten? Wir müssen die Quelle noch nennen: Merker und Täter waren Begriffe von Henri Nannen. Das hat Henri Nannen Ihnen auch immer erzählt, haben Sie im Vorwort Ihres letzten Buches geschrieben. Brauchen wir so etwas wie Lagerbildung noch, oder ist das vielleicht doch eine andere Zeit gewesen?

HANS LEYENDECKER: Wenn ich mich an die alten Zeiten erinnere, finde ich, dass schlechterer Journalismus gemacht wurde. Es wurde oft Journalismus für eine Gemeinde gemacht, wenn man auf das alte Handwerk schaut. Damals stand die Frage, ob eine Geschichte ergebnisoffen recherchiert wurde und ob sie am Ende denn auch stimmt, nicht immer im Mittelpunkt. Ergebnisoffen ging es oft nicht zu. Ich bin beim ›Spiegel‹ groß geworden. Ich war stolz, als ich 1979 beim ›Spiegel‹ anfangen durfte und nicht gleich rausgeworfen wurde. Aber wenn ich mich so zurückbesinne, wie viele Leute es eigentlich beim ›Spiegel‹ gegeben hat, die recherchiert haben, dann waren das verdammt wenige. Es gab viele, die mit der Schere arbeiteten oder die ausschließlich mit einem einzigen gesellschaftlichen Bild auskamen und dem alles unterordneten. Auf der anderen Seite: Ich glaube, dass noch nie so viel recherchiert wurde, wie heute recherchiert wird, und gleichzeitig, dass es selten so schlechten Journalismus gegeben hat wie heute. Das klingt wie ein Widerspruch, aber wir haben heute beides: Exzellenten Journalismus und ganz schrecklichen, unwissenden, voreingenommenen Journalismus.

VOLKER PANZER: Wie ist das zu erklären?

HANS LEYENDECKER: Zum einen haben wir Möglichkeiten, die wir früher nicht hatten. Früher flog man nach New York, kam mit einer Zeitung zurück und sagte: So sieht eine richtige Zeitung aus. Und alle haben gestaunt. Heute kann man diese Zeitung morgens im Internet lesen, was auch wichtig ist. Außerdem haben wir sehr viel besser ausgebildete Journalisten, wie ich glaube, feststellen zu können. Die Tageszeitungen, die ja seit 1997 meine Welt sind, haben sich verändert. Auch die ›FAZ‹ hat sich verändert: Auch dort werden mittlerweile Mannschaften gebildet, Teams aus unterschiedlichen Bereichen zusammengesetzt, um eine Geschichte zu machen. Und gleichzeitig hat man auch wieder einen ganz gleichförmigen Journalismus. Man findet beides: das Herausragende und das Rattenrennen, das sich immer um irgendeine angebliche Nachricht dreht, die gerade läuft. Im Hauptstadt-Journalismus, glaube ich, gibt es die größten Veränderungen, durch das Internet und durch Einsparungen in den Verlagen. Sie finden nur noch ganz wenige gute Berlin-Büros. So ist jedenfalls meine Wahrnehmung bei den Zeitungen; man findet dort sehr gleichförmigen Stoff.

Aber zu den alten Lagern: Ich bin ein anderer Jahrgang als Herr Bissinger, aber als 68er zum Journalismus gekommen und eigentlich immer 68er geblieben. Ich finde, so beim Zurückschauen, wir waren nicht so richtig gut, sondern sehr überzeugt oder haben manchmal eine Geschichte nicht ergebnisoffen gemacht. Ich erinnere mich an die 80er-Jahre, wo das Ergebnis nicht selten feststand, wenn man an eine Geschichte ranging. Wenn man es heute im guten Journalismus so machen will, wie es sich gehört, sagt man: Ich kenne das Ergebnis der Recherchen vorher nicht. Ich habe eine

These, die arbeite ich ab, und wenn sie nicht stimmt, mache ich die Geschichte nicht wie ursprünglich gedacht. Das ist schon eine Veränderung.

MANFRED BISSINGER: Ein Beispiel, nur um noch einmal Täter und Merker zu erklären, ich versuche es mal am ›Stern‹: Der ›Stern‹ war ein illustriertes Blatt mit einer sehr hohen Auflage und hatte bestimmte politische Grundlinien, die verfolgt worden sind. Eine davon war beispielsweise die Unterstützung der Ostpolitik von Willy Brandt. Es gab da zwei unterschiedliche Linien: Einmal natürlich die Merker, die beschrieben haben, was passieren sollte und warum, aus welchem Grund der Adenauerschen Westpolitik die Brandtsche Ostpolitik folgen sollte und was das für Deutschland zu bedeuten hätte. Die Täter aber, die dachten über die Frage nach: Wie verklickere ich Millionen Leuten im Land, dass es richtig ist, die Oder-Neiße-Grenze anzuerkennen? So entstand zum Beispiel beim ›Stern‹ die Idee: Ich bin nach Grünberg, Zielona Góra, in Polen gefahren. Da gibt es einen Marktplatz, und dort habe ich alle Leute besucht, in allen Wohnungen an diesem Markplatz, und habe mit ihnen Gespräche geführt. Und ich habe alle Leute gesucht, die aus diesen Häusern vertrieben worden bzw. weg waren – in der damaligen DDR und in Westdeutschland. Diese Schicksale habe ich dann gegenübergestellt. Am Ende kam heraus, dass die Polen ganz arme, traurige Menschen waren, vertrieben aus Ostpolen, sie wohnten zum Teil noch in den Möbeln der Leute, die die zurückgelassen hatten. Einer der deutschen Vertriebenen hingegen war Metzger-Meister in Pinneberg und fuhr einen dicken Mercedes, ein anderer hatte einen Elektrohandel, wieder ein anderer war Ministerialdirektor geworden. Das Fazit der Geschichte war, dass es den Vertriebenen in der Bundesrepublik sehr viel besser ging als den Ostpolen in Grünberg.

JULIA FRIEDRICHS: Aber zum Schwur wäre es doch gekommen, wenn das eben nicht herausgekommen wäre. Was hätten Sie gemacht, wenn etwas anderes herausgekommen wäre?

MANFRED BISSINGER: Wahrscheinlich hätte ich die Geschichte nicht geschrieben.

JULIA FRIEDRICHS: Warum hätten Sie nicht das Gegenteil geschrieben?

Ich würde Ihnen vollkommen Recht geben: Ich bin sowohl als Journalistin als auch als Leserin und Zuschauerin heilfroh, dass diese Zeiten der politischen Lager vorbei sind. Ich finde, vieles war erwartbar, es war teilweise langweilig. Wenn ich mir heute alte Berichte von damals, also aus den 80ern, anschaue, denke ich manchmal: Das ist simpel gestrickt. Ich empfand das zunächst als ein Überraschungsmoment, weil man ja immer groß wird mit diesen glorreichen Zeiten, mit diesem: Das war alles besser, das waren die alten Haudegen, die haben noch richtig was geleistet. Und dann schaut man sich einen alten ›Monitor‹-Bericht von Uli Wickert an, der einem beweist, dass Werbung lügt. Wie er das durchexerziert! Ich glaube, dass die Gefahr, der wir heute ausgesetzt sind, nicht diese politische Lagerbildung ist, sondern eher der ökonomische Druck. Darin sehe ich die ganz große Gefährdung des Qualitätsjournalismus.

VOLKER PANZER: Ich meine, der ökonomische Druck, der war auch damals da, also nicht nur die Lagerbildung. Es ging ja auch um Geld.

MANFRED BISSINGER: Der ökonomische Druck damals war nicht so stark wie heute, es war eine andere, eine wesentlich bessere Situation. Es gab drei oder vier große Magazine, drei überregionale Tageszeitungen und drei Fernsehprogramme: ARD, ZDF und die dritten Programme. Und was haben wir heute? Wir haben Hunderte von Fernsehprogrammen, wir haben unendlich viele Blogs, das Internet und was weiß ich. Der Konkurrenzkampf um die Themen, aber auch der Kampf um die Werbegelder ist sehr viel intensiver geworden, und das Geld verteilt sich auf eine sehr viel größere Gruppe von Unternehmen und landet längst auch im Internet.

GÜNTER WALLRAFF: Ich würde Ihnen zustimmen. Das Aufbrechen der Lager war erstmal eine Befreiung. Vorher gab es ja wirklich eine Zugehörigkeit, ob man wollte oder nicht: Man wurde als Linker oder als Rechter oder als Konservativer gehandelt. Als Linker hatte man es unheimlich schwer, in einem größeren Blatt überhaupt etwas unterzubringen, man war stigmatisiert. Das war ein Kampf. Manfred Bissinger hat damals eine Titel-Geschichte gegen die ›Bild‹-Zeitung im ›Stern‹ durchgesetzt – anlässlich meiner Enthüllungen im ›Aufmacher‹ –, gegen Nannen, gegen andere mächtige Interessen, er musste das wirklich durchkämpfen. Heute sind wir da freier. Da ist erst einmal scheinbar alles überall möglich. Ich meine, ich habe da auch Schrittmacherdienste und Vorarbeit geleistet. Das kommt Ihnen heute auch zugute.

VOLKER PANZER: Das sollten Sie erzählen.

GÜNTER WALLRAFF: Ein aktuelles Beispiel aus der ARD, das wäre früher unmöglich gewesen: Da arbeitet der Kollege Jürgen Rose, ein angestellter Redakteur, nach meiner Methode, verlässt den Schreibtisch, tut sich das an, zwei Wochen unter härtesten Bedingungen am Fließband bei Daimler-Benz zu arbeiten, und erreicht eine öffentliche Diskussion. Das hätte er als Redakteur vom abgesicherten Schreibtisch aus nicht geschafft. Er hat bezeugt, dass es auch in namhaften Großkonzernen unter den Arbeitern ein Dreiklassensystem gibt, nämlich die Stammarbeiter, die noch anständig nach Tarif bezahlt werden, die Leiharbeiter, wesentlich schlechter gestellt, und die mit Werkverträgen, weitgehend rechtlos.

HANS LEYENDECKER: Wenn wir für eine Sekunde auf Ihren Film von 2009, ›Schwarz auf Weiß‹, kommen: Was wäre passiert, wenn Sie als Farbiger durch Deutschland gegangen wären und Sie wären gefeiert worden? Das ist eigentlich das, was Sie in der Übersetzung haben. Das heißt, es gibt eine Annahme, wie die Menschen reagieren …

GÜNTER WALLRAFF: Nein, da war ich mir gar nicht so sicher. Ich habe am Anfang noch gedacht: Mensch, vielleicht habe ich durch ›Ganz unten‹, also durch meine Rolle als der Gastarbeiter Ali Levent, ja mit dazu beigetragen, dass wir eine ausländerfreundlichere Gesellschaft sind?

HANS LEYENDECKER: Das Spannende an der neuen Journalistengeneration ist, wie ich meine, dass sie eben nicht alles, was sie nachher aufschreibt, vorher schon weiß.

GÜNTER WALLRAFF: Das weiß ich doch auch nicht. Und ich muss, was ich veröffentliche, doch auch beweisen. Das alles ist viel differenzierter. Nur, eins muss man sagen, es gibt heute sehr, sehr viel mehr Gleichgültigkeit. Es ist alles gleichgültig und damit für viele auch gleich gültig. Eine neue Beliebigkeit ist entstanden, es gibt viele ohne eigenen Standpunkt. Mein unverrückbarer Standpunkt ist, dem jeweils Schwächeren, dem jeweils Ohnmächtigeren mehr Zuwendung, mehr Gehör zu verschaffen als denen, die alle Machtmittel und die Vormachtstellung haben. Das ist eine Haltung.

JULIA FRIEDRICHS: Ich finde, eine Haltung ist wesentlich und das würde ich auch für mich in Anspruch nehmen. Haltung ist ja im Journalismus eines der meist strapazierten Worte der letzten Jahre.

GÜNTER WALLRAFF: Seine Haltung darf man nicht verleugnen.

JULIA FRIEDRICHS: Ja, genau. Es ist auch wichtig, dass Journalisten nicht heute Wulff raufschreiben und morgen runter. Das finde ich wesentlich. Aber wir haben zum Beispiel ein politisches Magazin für junge Zuschauer für die ARD entwickelt. ›Echtzeit‹ hieß das, doch es hat den Weg durch die Weiten der ARD am Ende leider nicht geschafft. Ich hatte da den Eindruck, dass vor allem junge Zuschauer nach Grautönen in der Berichterstattung gegiert haben. Kein Schwarz oder Weiß, sondern Grau. Die jungen Zuschauer haben es wahnsinnig goutiert, wenn auch ein Journalist ihnen offengelegt hat: Ich habe diesen einen Weg probiert, was nun da richtig und falsch ist, das kann ich dir nicht sagen. Aber das und das habe ich versucht. Auch mir würde eine Form von Journalismus sehr gefallen, in der man auch manchmal seine Ratlosigkeit und seine Fragen offenlegt. Natürlich hat man eine Haltung. Aber große Fragen in so einer komplexen Zeit letztgültig und mit letzter Wahrheit zu beantworten, traue ich mir als Journalistin eben auch nicht zu.

VOLKER PANZER: Herr Leyendecker, wie machen Sie das? Sie gehören ja zu einer Generation davor. In einem Interview sagten Sie: Wir müssen ergebnisoffen recherchieren.

HANS LEYENDECKER: Ja, natürlich.

VOLKER PANZER: Wenn Sie also drei oder vier Wochen oder noch länger an Ihrem Thema recherchiert haben, es kommt aber nichts dabei heraus, lassen Sie es dann liegen, oder drehen Sie es herum, sodass es dann irgendwie anders veröffentlicht wird? Irgendetwas muss ja herauskommen.

HANS LEYENDECKER: Das ist ja eine Frage des Privilegs. Wenn Sie bei einer normalen Regionalzeitung sind, können Sie es sich nicht erlauben, drei bis vier Wochen zu recherchieren. Und wenn Sie dann nicht das, was erwartbar war, haben, sondern etwas anderes, dann sind Sie völlig aufgeschmissen. Da bietet, auch wenn sie keine reiche Zeitung ist, eine Zeitung wie die ›Süddeutsche‹ ein paar andere Möglichkeiten. Wir lassen auch Geschichten sausen.

MANFRED BISSINGER: Totrecherchierte Geschichten, bei denen am Ende nichts herauskommt, gibt es doch immer wieder. Die landen dann im Papierkorb. Aber ich möchte nicht den Eindruck erwecken, dass ich dafür bin, dass man ein Ergebnis festlegt, dann recherchiert und nur druckt, wenn man zum gewünschten Ergebnis kommt.

VOLKER PANZER: Ich würde jetzt gerne auf Hans Esser zu sprechen kommen. Das war 1977 bei der ›Bild‹-Zeitung. Nun wirkt das ja im Prinzip bis heute. Sie, Herr Wallraff, haben gesagt: »Die Rolle, die ich als Hans Esser spielte, war die größte Schmutzrolle meines Lebens.« Warum ist das so?

GÜNTER WALLRAFF: Von jeder Rolle, überall, wo Sie ein anderer werden, färbt etwas ab. Wir sind soziale Wesen und wir richten uns nach unserem jeweiligen Umfeld, so verhalten wir uns. Wenn Sie ein halbes Jahr eine solche Negativrolle, eine Schmutzrolle spielen, dabei fälschen müssen und darin Ihre Bestätigung und Ihren Erfolg haben, obwohl Sie es aufdecken wollen, werden Sie selbst auch ein bisschen so. Meine damalige Begleiterin und spätere Ehefrau sagte schon mal ironisch: »Ist ja wieder mal typisch Esser, wenn das der Wallraff wüsste!« Esser wie Messer, das war ja der Tarnname, unter dem ich bei der ›Bild‹ arbeitete. Das heißt, auch ich fing an, in meiner Umgebung alles auf die Verwertbarkeit für ›Bild‹ hin zu untersuchen, sonst hätten sie mich ja auch nicht länger beschäftigt.

VOLKER PANZER: Hat sich die ›Bild‹-Zeitung verändert? Die kommen inzwischen ja so richtig auf Sie zu.

GÜNTER WALLRAFF: Erstmal haben die ›Bild‹ und ihre Hilfstruppen natürlich, voll Stoff, über Monate und Jahre versucht, mich zur Unperson zu erklären. Da hatten sie ihre Techniken, das war ja für sie alltägliches Handwerkszeug. Ich sei »wie aus einem Lehrbuch der Psychiatrie« entsprungen. Um das zu bebildern, wurde ein Foto von mir nach meiner Haftentlassung aus Griechenland genommen, mit Folterspuren, ganz entgeistert, und dann hieß es: »Der Untergrundkommunist Günter Wallraff, so kennt ihn jeder«. Dann gab es Gerichtsverfahren über Jahre. Ich habe dagegengehalten. Die Bücher hatten hohe Auflagen, meine Leser haben die Prozesse finanziert. Rückblickend muss ich sagen: Wir leben tatsächlich in einem Rechtsstaat, das habe ich immer wieder erlebt. Nur liegen Welten zwischen Recht haben und Recht bekommen. Ich habe damals 250.000 DM aufgebracht, um in Oberster Instanz, am Bundesgerichtshof, Recht zu bekommen. Und da hat der BGH wörtlich erklärt: Da es sich bei der ›Bild‹-Zeitung um eine »Fehlentwicklung im deutschen

Pressewesen« handle, sei meine Methode, ihr auch mit Täuschung mit anderer Identität beizukommen, dennoch legitim. Das erweitert heute auch den Spielraum für andere Kollegen in der Rechtsgüterabwägung. Das Gericht hat erklärt: Wenn es um gravierende Missstände geht, ist das legitim.

Die ›Bild‹ hat sich heute, muss ich sagen, ja in einigem beknirscht. Der Diekmann hat inzwischen so was wie Reue gezeigt. Vor einiger Zeit habe ich denen mal attestiert, dass ich – und so sehe ich das immer noch – die ›Bild‹ in der Rolle eines gemeingefährlichen Triebtäters sehe, den man eigentlich unter ständiger Kontrolle halten muss. Auch Triebtäter haben Phasen, da sind sie nette Familienväter und leben unauffällig. Da sagen die Leute: Mensch, das ist doch ein ganz passables Mitglied unserer Gesellschaft. Und dann plötzlich, die Triebstruktur ist ja noch da, kommen die und langen wieder zu und richten ein Unheil an. Nach diesem Statement hat der Diekmann mich angerufen und meinte: Also, Sie tun mir da Unrecht, ich bemühe mich doch. Sage ich: Ja, fangen Sie mal an, klären Sie mal die damalige Abhöraktion gegen mich auf. Die haben damals eine Zeit lang über den Bundesnachrichtendienst, über den Verfassungsschutz mein Telefon abgehört und eine Standleitung in die ›Bild‹-Redaktion gelegt. Das hat Diekmann zu meinem Erstaunen zur Chefsache gemacht und angefangen, das akribisch aufzuklären. Das muss man ihm zugute halten.

VOLKER PANZER: Er will ja, dass Sie Frieden schließen. Das werden Sie aber nicht?

GÜNTER WALLRAFF: Ich habe ihm bestätigt, dass es folgenden Erfahrungssatz der Pädagogik gibt: Selbst wenn der letzte Schurke etwas Positives macht, muss man ihn ernst nehmen und sagen: Weiter so, du bist auf dem richtigen Weg. Das soll man nicht verächtlich machen. Die Pädagogen sprechen da von »positiver Verstärkung«. Ich finde, da müssen sie insgesamt noch vieles wiedergutmachen und auch neue Anläufe nehmen. Aber die Triebtätersache habe ich der ›Bild‹ auch bescheinigt. Ich habe mich bei einem Psychiater erkundigt, der sagt: Es gibt zwei Typen von Triebtätern. Einen, bei dem das genetisch so tief verankert ist, dass er immer von der Gesellschaft ferngehalten werden muss, und den anderen, der noch therapierbar ist. Zu welcher Sorte die ›Bild‹ gehört, müssen sie noch unter Beweis stellen.

VOLKER PANZER: Herr Leyendecker, ist die ›Bild‹-Zeitung therapierbar? Sie haben 2012 den Henri-Nannen-Preis nicht angenommen, weil auch zwei Reporter der ›Bild‹-Zeitung den Preis hätten kriegen sollen für ihre investigativ-journalistische Tat, die Affäre Wulff aufgeklärt zu haben. Warum haben Sie es abgelehnt, den Preis entgegenzunehmen? Geht es bei der ›Bild‹-Zeitung immer noch um diese Lagerhaltung, wie wir es vorhin von Herrn Bissinger gehört haben?

HANS LEYENDECKER: Wir sollten den Nannen-Preis bekommen für eine Geschichte, an der ich nur den geringsten Anteil hatte. Wir waren zu dritt, der eine ist 50, der andere 38, und wir waren uns vorher einig: Wenn die ›Bild‹-Zeitung was bekommt, nehmen wir den Preis nicht an. Es war ein gemeinschaftlicher Beschluss. Für mich ist die ›Bild‹-Zeitung ein Drecksblatt und ein Lügenblatt geblieben. Ich sehe auch keinerlei »Therapie-Erfolge« und verfolge mit Interesse, dass die Auflage jetzt nur noch bei 2,6 Millionen liegt, sie war mal bei 5,5 Millionen. Die ›Bild‹-Zeitung ist trotz aller Maniküre und trotz aller Kosmetik, die es da immer wieder gibt, ein Blatt geblieben, bei dem Leute, wie Kierkegaard das gesagt hat, in größtem

Maßstab zum billigsten Preis fertig gemacht werden. Wenn Sie draufgucken, finden Sie immer wieder Opfer, die gejagt, die erledigt werden. Da darf man sich nicht von der Seite 2 und von diesem ganzen Firlefanz ablenken lassen. Ich bin dabei geblieben. Es gab so eine Initiative, die sehr mit Wallraff zusammenhing, da waren Peter Rühmkorf, Klaus Staeck, auch mal Gerhard Schröder und andere dabei. Schröder ist leider, wie andere auch, nicht dabeigeblieben. Er hat als Politiker den Handstand für die ›Bild‹ gemacht. Man kauft dieses Blatt nicht. Ich kaufe die ›Bild‹-Zeitung nie.

GÜNTER WALLRAFF: Richtig, nein, ich auch nicht.

VOLKER PANZER: Frau Friedrichs, würden Sie für die ›Bild‹-Zeitung arbeiten?

JULIA FRIEDRICHS: Auf keinen Fall. Auch ich kaufe die ›Bild‹-Zeitung nicht. Das, was Sie vorhin als Beliebigkeit tituliert haben, ist eine der Sachen, die ich ätzend finde: Dieser Trend unter Journalisten, der sich in den letzten Jahren breitmacht – man könne sich an der ›Bild‹-Zeitung orientieren – ist extrem unangenehm. Solange da Leute weiter so vorgeführt werden, ist die ›Bild‹-Zeitung nichts, woran sich Journalisten orientieren sollten.

VOLKER PANZER: Herr Bissinger, haben wir unterschwellig, unter dieser nebulösen wirtschaftlichen Verquickung und unter diesem »alles ist gleich«, doch noch eine Art Lagerdenken – ich nenne es vielleicht jetzt nicht Haltungsdenken? Wollen wir die Gesellschaft vielleicht zum Guten verändern und nicht immer nur den Status quo erhalten?

MANFRED BISSINGER: Ich glaube nicht, dass es noch ein Lagerdenken gibt, sondern ich glaube, dass sich der Journalismus nivelliert hat und dass es dafür sehr viele Gründe gibt. Die schwierigste Situation, die ich im Moment für den Journalismus sehe, liegt bei den großen Verlagshäusern. Der Springer-Verlag ist auf dem Weg, ein besseres Handelskontor zu werden und irgendwelche Dinge, von Bibeln bis Autos, zu verhökern. Immer mit dem großen Ehrenwort, dass die Inhalte geschützt bleiben. Aber irgendwann haben sie keine Inhalte mehr, dann sind sie nur noch ein Versandhaus. Das ist ganz objektiv eine Gefahr für den Journalismus. Bei Burda lässt sich eine ähnliche Entwicklung feststellen, Gruner + Jahr hat sich noch nicht

wirklich entschieden, aber Bertelsmann drängt auch dahin, dass diese Möglichkeiten wahrgenommen werden. Es geht im Grunde nur noch darum: Hast du den Automarkt, will ich die Immobilien haben; hast du die Immobilien, will ich die Autos haben. Es geht also um solche Konkurrenzverhältnisse als Händler und nicht mehr um die Frage: Hast du eine super Geschichte über Angela Merkel oder über Joachim Gauck? Es sind andere Prioritäten, die die Verlage setzen.

VOLKER PANZER: Würden Sie dann sagen, dass es den investigativen Journalismus, der nun wirklich als Kontrollinstanz gegenüber der Politik und der

Wirtschaft funktionieren sollte, nicht mehr gibt? Dass man, wenn man investigativ ist, nur den großen Skandal herausholt? Nehmen wir beispielsweise die Wulff-Geschichte.

GÜNTER WALLRAFF: Das war kein Skandal. Das war gemacht. Es war Journalismus als Menschenjagd. Unverhältnismäßig. ›Spiegel‹ und ›Bild‹ Seite an Seite, da kann man jeden erledigen. Diesen Kriterien würde kaum ein Spitzenpolitiker standhalten. Das, sage ich, ist wirklich Journalismus als Menschenjagd, da wird nicht mehr differenziert. Zudem gibt es in Deutschland einen Meuteinstinkt; der ist hier sehr ausgeprägt. In Skandinavien fragen mich Kollegen: Mensch, was ist bei euch denn wieder los? Was treibt euch denn da? Es gibt keine Differenzierung mehr, alles hechelt hinterher. Wer ist der Erste, der ihn zur Strecke bringt? Dazu kommt dann noch ein Staatsanwalt, der sich profilieren will. Der kriegt die Vorlagen gebracht. Da sind zig Leute, die bis ins Privateste hineingehen, und dann noch die gezielte Gerüchtemacherei, und plötzlich ist seine Frau im Rotlichtmilieu. Um Gottes Willen, was ist da los? Das fand ich von Anfang an abscheulich, obwohl ich den Wulff nie mochte und er auch bei ›Bild‹

wirklich verhätschelt und »embedded« war, die haben ihn ja aufgebaut. Und dann frage ich mich: Woran liegt das? Ich will keine Verschwörungstheorie aufstellen; ich wehre mich auch dagegen, das so einseitig darauf festzulegen. Aber wir dürfen nicht vergessen: Wulff war jemand, der als Bundespräsident plötzlich meinte sagen zu müssen – ich sehe es differenzierter, aber die Berechtigung, das zu sagen, hat er –, dass der Islam zu Deutschland gehöre. Und dann kamen noch ein paar andere Sachen dazu, äußerst bankenkritische Äußerungen, das wunderte einen. Plötzlich war er zum Abschuss freigegeben. Ich weiß nicht, ob die Erklärung so einfach ist. Wahrscheinlich ist es komplizierter.

VOLKER PANZER: Herr Leyendecker, war es so einfach?

HANS LEYENDECKER: Nein, ich glaube nicht. Ich meine, diese Äußerung hat ihm auf der einen Seite Sympathie eingebracht. Ich habe es bei der ›Süddeutschen‹ erlebt, bei Heribert Prantl sehr stark, der Wulff vorher nicht so gewichtig und ihn dann gewichtiger gesehen hat. Bei anderen weniger. Ich glaube, es war ein Meuteverhalten, wie Wallraff richtig sagt. Und – ich bin ziemlich sicher, dass es nicht ganz falsch ist, was ich jetzt sage – Diekmann hat eine unglaubliche Sehnsucht nach Anerkennung. Diekmann wird getrieben von der Sehnsucht nach Anerkennung.

MANFRED BISSINGER: Jetzt psychologisieren Sie aber sehr stark.

HANS LEYENDECKER: Ja, ich glaube aber, dass er das hat. Die ›Bild‹-Leute haben mal einen Preis bekommen, ich glaube es war ein Quandt-Preis, und sie fanden das toll. Ich erinnere mich an ein Telefonat mit Diekmann, da ging es um Wulff und den Nannen-Preis, noch bevor ›Bild‹ überhaupt nominiert worden war. Ich glaube, für ihn war es ganz wichtig. Diekmann hat interessante Seiten und früher fragte ich mich manchmal, ob er an ›Bild‹ gelitten hat. Er hielt das, was die ›Bild‹-Leute im Fall Wulff machten, tatsächlich für etwas Investigatives. Dabei war es von der Entstehungsgeschichte her ganz simpel: Der Wulff hat sich wahnsinnig schlecht verteidigt. Er ist ein Unsympath. Er hat alles falsch gemacht, was man falsch machen konnte. Diese Geschichte mit dem Kredit hätte man von der ersten Stunde an gut erklären können, wie das war mit der Familie Geerkens, die ihm den Kredit gegeben hatte. Wenn er gesagt hätte: Ich soll der Pflegevater sein, denn falls Geerkens etwas passiert, nehme ich die Kinder auf. Dann hast du doch ein familienähnliches Verhältnis, du kannst erklären, wieso du von der Familie Geerkens ein Darlehen für ein Haus bekommst. Er hat ganz vieles falsch gemacht. Und ich glaube, die ›Bild‹-Jungs hatten irgendwann die Witterung: Da ist was dran. Und das Verrückte an der Wulff-Geschichte ist ja, dass der Glaeseker, der damals der Medien-Mann von Wulff war, hingegangen ist und den ›Bild‹-Leuten und den ›Stern‹-Leuten erklärt hat: Passt auf, das ist ganz anders, als ihr glaubt, das ist nicht der Maschmeyer, der den Kredit gegeben hat, das ist nicht der Großmann, der den Kredit gegeben hat, das ist ganz normal, da hat ein Herr Geerkens den Kredit gegeben. Daraus ist dann gewissermaßen die Sehnsucht nach einer Enthüllung geworden. Und dann hat Wulff immer wieder Fehler gemacht, die sind immer weitergegangen. Wenn man heute darauf zurückblickt, sind wir bei dem Faszinosum, dass wir uns darüber streiten, ob er 754 Euro, die jetzt irgendwo im Feuer sind, zu Unrecht bekommen hat oder nicht. Und das finde ich interessant an dem Verhalten der Journalisten: Es gibt jetzt eine Gruppe von Journalisten – zum Teil ›Spiegel‹-Leute, ›Stern‹-Leute –, die sagen: Es war moralisch richtig, was wir gemacht haben, und der Wulff hat sich moralisch falsch verhalten.

VOLKER PANZER: Da sind Sie jetzt gefragt, Frau Friedrichs: Ist das moralisch? Aber was mir jetzt eben einfiel, als ich den Exkurs zu dem Ex-Bundespräsidenten Wulff gehört habe: Da kommt es mir doch vor, dass investigativer Journalismus heute auch unter dem Unterhaltungsaspekt gesehen wird. Wie erleben Sie das? Stimmt das tatsächlich? Auf der einen Seite wird eine Moralkeule herausgeholt, aber vorher wollte man natürlich auch ein bisschen Auflage machen und die Leute auch unterhalten: Schaut mal, wir zeigen euch einen, wir führen einen vor. Was meinen Sie?

JULIA FRIEDRICHS: Was mir dabei ein bisschen Angst macht, ist tatsächlich diese Beschleunigung der Erregungszustände und dieses ständige Kippen. Ich empfand das damals nicht als vorbildlich, dass Wulff teilweise diese Nähe zu Unternehmern gepflegt hat, und ich finde, das ist eines Ministerpräsidenten nicht würdig. Man kann sagen, dass das politisch nicht in Ordnung ist, aber Wulff war nur einer von vielen. Auch wenn das mit Anfang 30 blöd klingt: Ich frage mich, wie das enden soll, dass diese Schnappatmung, in der diese Skandale durchgeführt werden – das war jetzt in kurzer Abfolge Sexismus, Zynismus, was noch? –, in ihrem Rhythmus immer kürzer wird? Natürlich beschleunigt die Echtzeitberichterstattung in Online-Medien diese Heftigkeit der Ausschläge. Das kann man an ganz kleinen Geschichten erleben, die für mich Fragen aufwerfen, wie ich mit meiner Rolle als Journalistin umgehe. Ich hatte jetzt ein paar Fälle, wo ich über Protagonisten berichtet habe, zum Beispiel gerade eben im Arbeitsamt Braunschweig über eine Arbeitsvermittlerin, die sehr, sehr schlecht mit den Arbeitslosen umgegangen ist, die sie abgekanzelt hat. Da wurde teilweise gelüftet, wenn die Arbeitslosen wieder aus dem Raum raus waren, und es wurde unter Kollegen gesagt: Ach schön, dass die weg sind. Ich habe darüber berichtet, man hat dann eine Verantwortung. Weil man jemanden an die Öffentlichkeit zerrt, wägt man ab. Und in diesem Fall war es so, wie in etlichen Fällen davor, dass über diese Frau online ein absoluter Shitstorm hereinbrach, der aus meiner Sicht – und aus ihrer – nicht mehr zu kontrollieren war. Da wurde geschrieben, sie hätte das KZ-Gen, Leute wie sie hätten Juden in Züge verfrachtet. Alles online in der Kommentarspalte der Zeitung nachzulesen. Das ist ein Symptom dieser wahnsinnigen Erregungswucht, bei der ich mich als Journalistin langsam frage: Kann ich das überhaupt noch verantworten, unter diesen Umständen Leute in die Öffentlichkeit zu zerren? Wie ist das mit Berichterstattung über kritische Themen? Bei dem Thema Arbeitslosigkeit, worüber ich berichte, hat man diese wahnsinnige Aburteilung im Internet sehr oft. Wenn man über Migrantenthemen berichtet, hat man das ebenfalls in wahnsinniger Stärke. Davor stehe ich ein bisschen ratlos und finde es vor allem ganz falsch, was die etablierten Medien machen. Ich glaube, die müssten viel vorsichtiger sein, aber im Gegensatz dazu vervielfältigen sie das Kursierende noch immer weiter und sagen, im Netz ist jetzt dies, im Netz ist jetzt jenes, als wäre das eine verlässliche Quelle oder ein repräsentatives Geschehen.

VOLKER PANZER: Herr Bissinger, Schnappatmung als Stichwort: Das schnelle Verwurschteln von allem und jedem, immer nur Geld machen, ist das der Untergang des Journalismus?

MANFRED BISSINGER: Wenn ich das mit der Schnappatmung höre, kann ich nur sagen: Ich wünschte mir meine Lager wieder zurück. Dann hätte es, im Fall Wulff, wenigstens eines gegeben, das die Sache von vornherein etwas gedimmt, etwas normaler betrachtet hätte. Das war aber nicht der Fall. Hier waren es ja nicht nur ›Spiegel‹ und ›Bild‹-Zeitung nebeneinander, sondern auch die ›FAZ‹ war dabei und hat auf Seite 1 über das Bobby-Car, das Wulff zum Geburtstag seines Sohnes von einem Berliner Autohändler bekommen haben soll, berichtet. Das war völlig absurd. Da wäre ich dankbar gewesen, wenn ein Blatt wie die ›Zeit‹ gesagt hätte: Jetzt erst mal Ruhe, jetzt erst mal Frieden, jetzt wollen wir erst mal innehalten: Was ist hier eigentlich wirklich los? Das Absurdeste daran war, finde ich – und deshalb war ich sehr froh, als Herr Leyendecker diesen Preis abgelehnt hat, weil ich die investigative Leistung der ›Bild‹-Zeitung in dieser Frage überhaupt nicht sehen kann –, die haben eine normale Treibjagd veranstaltet, aber etwas herausgefunden haben sie nicht wirklich. Sie haben erst etwas gewusst, als ihnen der Name von Herrn Geerkens auf den Tisch gelegt worden ist, im Übrigen mit der gegenseitigen Versicherung, ihn nur zu benutzen, wenn es gar nicht mehr anders geht. Dazu hatten sie sich verpflichtet. Aber natürlich haben die ›Bild‹-Leute das am nächsten Tag herausgehauen. Als Herr Wulff davon hörte, war er so dumm und hat auf die Mailbox von Herrn Diekmann gesprochen. Das ist natürlich unprofessionell. So darf sich ein Bundespräsident nicht verhalten.

VOLKER PANZER: Ich würde ganz gern noch mal auf die Schnappatmung als generelles Thema kommen. Was würden Sie sagen, Herr Bissinger, Sie haben ja den größten Überblick über die Jahrzehnte, wie verändert das Internet, also der schnelle Zugang zu Informationen, den Journalismus? Zum Beispiel sagt die Bundeszentrale für politische Bildung zu den neuen Medien: »Die Möglichkeiten der neuen Technologie lassen aus passiven Rezipienten und Konsumenten aktive Produzenten und Akteure werden. Dies verändert die soziale Welt grundlegend.« Würden Sie dem zustimmen, würden Sie es ergänzen?

MANFRED BISSINGER: Ja, ich würde dem zustimmen. Das Internet eröffnet diese elende Möglichkeit, dass jeder alles sagen kann und nicht einmal seinen Namen nennen muss, sondern er kann sich

Billy oder Joe nennen und einen anderen niedermachen. Ich halte das für ein großes Problem. Andererseits finde ich, ist die Überbewertung des Internets auch wieder ein großer Fehler, weil das in Wahrheit ja nur, wenn man es nüchtern betrachtet, ein weiterer Vertriebskanal für journalistische Geschichten ist. So wie es den Vertriebskanal Fernsehen oder Rundfunk gibt oder eben die Tageszeitung, so gibt es jetzt das Internet. Wie man das einschränken kann, wüsste ich nicht.

VOLKER PANZER: Einschränken kann man das nicht.

GÜNTER WALLRAFF: Ich finde es zurzeit noch eine ganz positive Entwicklung. Es ist eine neue technische Revolution. Im und aus dem entferntesten Winkel der Welt wird Unrecht bekannt gemacht. Es wird ein Weltgewissen daraus entstehen können, aber zurzeit ist es noch ein Riesenverwirrspiel: interessengeleitete Informationen, Gerüchte, wüsteste Verschwörungstheorien. Wer findet sich noch zurecht? Es ist ein Irrgarten. Wir haben es inzwischen ein wenig gelernt, ich allerdings nicht, ich lasse mir zuarbeiten. Es müsste in den Schulen ein Hauptfach sein, wie man damit umzugehen hat, welche seriösen Informationen man findet und wo man mit äußerster Vorsicht herangehen muss. Ich sehe die gesamte Presselandschaft sich dadurch gewaltig verändern. Mir sagte vor Kurzem ein Vorstandsmitglied einer großen Zeitung – ich will den Namen nicht nennen: In fünf bis sieben Jahren gibt es uns nicht mehr. Das war jemand, der immerhin noch beherrschend ist in einer bestimmten Region. Damit ist nicht die ›Süddeutsche‹, damit ist nicht die ›Zeit‹ gemeint, damit ist wahrscheinlich auch nicht der ›Spiegel‹ gemeint. Es gibt Qualitätszeitungen, die wie die ›Zeit‹ sogar an Auflage gewinnen. Andere versuchen, sich jetzt imagemäßig zu ändern. Erschrocken bin ich beim ›Stern‹, der doch immer noch eine kritische Grundhaltung hat. Plötzlich wird die Chefredaktion ausgewechselt und dann noch im Jubiläumsjahr soeben eine reine Schleichwerbung für Aldi veranstaltet, Aldi ist plötzlich der Segen unserer Zivilisation. Das ganze Heft mit Titelgeschichte war eine einzige triefende Lobeshymne auf dieses menschenbeglückende Aldi-System.

VOLKER PANZER: Herr Leyendecker, gibt es aber nicht gerade durch das Internet für den investigativen Journalismus neue Zugänge, Stichwort Wiki-

leaks? Sie haben gesagt: Wikileaks ist jetzt ein Bastard. Aber die ›Süddeutsche Zeitung‹ war dabei, als Wikileaks gegründet wurde.

HANS LEYENDECKER: Nein, wir waren nicht dabei. Das war eine riesige Marketingaktion. Wir wären gern dabei gewesen. Sie haben aber die ›Washington Post‹, den ›Guardian‹ und den ›Spiegel‹ genommen. Leider nicht uns. Wir sind jetzt bei dieser Festplattengeschichte dabei, die im Moment komplizierter wird, wo 46 Länder beim Auswerten kooperieren. Das hat einen Marketingcharakter, aber es hat auch einen journalistischen Charakter.

Aber lassen Sie uns zu dem Cybermob zurückkommen: Es gibt tatsächlich einen Cybermob, der Leute fertig macht. Und Ihre Frage, Frau Friedrichs, ist nicht unberechtigt, sie ist nicht klein. Wenn ich über das Arbeitsamt Braunschweig nicht mehr so schreiben darf, wie die Wirklichkeit ist, weil ich befürchten muss, dass im Arbeitsamt Braunschweig irgendeine Frau aus dem Fenster springt oder jedenfalls nicht mehr ins Büro kommen kann, wo leben wir dann? Es gibt ein höchstinteressantes Buch von Pörksen (Bernhard Pörksen und Hanne Detel, Der entfesselte Skandal. Das Ende der Kontrolle im digitalen Zeitalter, 2012) über die Entwicklung des Internets und darüber, worin auch bei der Jagd auf Menschen die Unterschiede zum früheren Print-Journalismus liegen. Menschenjagd gab es da auch. Aber Pörksens Grundthese ist: Es gibt überhaupt keine Schichtenunterschiede mehr, jeder kann fertig gemacht werden, wenn man nur einen Vorwand hat, um ihn fertig zu machen. Und jeder, der sich öffentlich äußert, erlebt das mit. Wenn du ein bisschen älter wirst, sagst du: Okay, ich lese den Quatsch gar nicht. Aber wenn du jünger bist und es erreicht dich ständig …

VOLKER PANZER: Ja, gut. Aber jetzt wurde Uli Hoeneß fertig gemacht.

HANS LEYENDECKER: Nein. Uli Hoeneß ist ein ganz anderes Beispiel.

JULIA FRIEDRICHS: Das ist etwas anderes. Er wäre ja früher auch angegriffen worden.

HANS LEYENDECKER: Der Fall Uli Hoeneß ist komplizierter. Uli Hoeneß wurde im Stadion fertig gemacht und die Leute sangen: Jeder, der Steuern zahlt, steht auf. Das war ein Stadion-Spaß. Aber die Wahrheit bei Uli Hoeneß ist natürlich auch, dass er 50 Millionen Euro Steuern gezahlt hat. Uli Hoeneß ist dafür ein schlechtes Beispiel.

VOLKER PANZER: Ich meine Uli Hoeneß jetzt als pars pro toto. Wenn man diese Offshore-Leaks betrachtet, wissen wir heute in der Tat viel mehr über Steuerflüchtlinge, als wir vorher wussten. Was würden Sie sagen?

HANS LEYENDECKER: Die Gesellschaft hat sich darauf verständigt, dass Steuerhinterziehung Steuerbetrug ist. Das ist ein Wandel, den wir in den vergangenen Jahren erlebt haben. Ich habe die Zeit ganz gut in Erinnerung, als viele Leute erklärt haben, warum es unsinnig sei, hohe Steuern zu zahlen, warum man das versteuerte Geld, das man in die Schweiz gebracht hat, nicht auch noch versteuern müsse.

MANFRED BISSINGER: Das galt als Kavaliersdelikt.

HANS LEYENDECKER: Genau, das war ein Kavaliersdelikt. Eigentlich hat es sich durch Lehman Brothers und durch anderes verändert, sodass man heute sagt: Hoppla, das ist ja gemeinwohlschädigend. Jetzt verständigt sich eine Gesellschaft darauf – und dazu gehören die Wohlbetuchten – zu sagen: Das gehört sich nicht. Und das trifft nun gerade Uli Hoeneß, sodass die Leute sagen: Okay, der hat 50 Millionen bezahlt. Aber warum hat er diese 3,2 Millionen nicht bezahlt?

VOLKER PANZER: Dann verändert sich die Zeit, in der wir leben, doch zum Guten, ohne die Zeitschriften. Denn wenn man das so nimmt, wie Sie jetzt sagen, sind wir gesellschaftlich vielleicht weiter als in den 60er-, 70er-Jahren, als das Lagerdenken noch da war. Wir brauchen heute vielleicht gar keinen investigativen Journalismus mehr, wir haben ein Gewissen.

GÜNTER WALLRAFF: Ich sehe ein Problem in der Gleichschaltung, in der Vereinheitlichung. Früher gab es mehr Pro und Kontra, es gab verschiedene Positionen, mehr Differenzierungen.

HANS LEYENDECKER: ›Quick‹ gegen ›Stern‹. War das wirklich ein Fortschritt?

GÜNTER WALLRAFF: Heute dringt sowas wie früher ›Quick‹ in alle Medien rein. Gucken Sie mal, die Boulevardisierung ist doch zurzeit beherrschend. Und da sehe ich ein Problem, wenn es dann über eine Skandalisierung und Personifizierung bis zur Hysterisierung eskaliert. Es sind immer Einzelne, wie in einer Ablassgeschichte, die in Sündenbockfunktion an den Pranger gestellt werden, damit sich die Selbstgerechten entlasten und exkulpieren können. Ich denke da z. B. an Jan Ullrich. Der hat bei mir mal für eine Titelgeschichte der ›Zeit‹ eine Generalbeichte abgelegt, dabei wirkte er glaubwürdig und sympathisch; nur leider hatte er schlechte Berater, die kurz vor der Drucklegung die Autorisierung verhinderten.

VOLKER PANZER: Der Doping-Skandal.

GÜNTER WALLRAFF: Ja. Nur, das Gesamtproblem »Doping« wurde an einer Person festgemacht. Letztlich haben es alle gemacht oder machen müssen. Die sensationsgeilen Zuschauer verlangen es, die Sponsoren verlangen es. Nur er war derjenige, der dafür genagelt wurde. Und das ist das Problem, dass es immer Einzelne sind, und dadurch wird das Gesamtproblem relativiert. Im negativ anderen Sinne war es die Sarrazin-Geschichte. Da wurde ein Einzelner zum Helden hochgejubelt und so richtig populär gemacht. Vorneweg mal wieder ›Bild‹ und ›Spiegel‹, Seit an Seit. Ich finde, das ist schon bedenklich, wenn zwei Medien, die in der Vor-Aust-Ära doch einmal konträr waren, nun ihren Deal gemacht haben und sich inzwischen wie die Herren der Inquisition gebärden, wenn es darum geht, Einzelne abzuschießen oder aufzubauen. Herr Sarrazin wurde aufgebaut, er wurde gesellschaftsfähig gemacht.

VOLKER PANZER: Herr Wallraff, Sie haben jetzt ein neues Format, ›Team Wallraff – Reporter undercover‹, bei RTL.

GÜNTER WALLRAFF: Ich habe keinen Vertrag. Es hat begonnen zusammen mit einer jungen Kollegin, die über Monate unter wirklich großen Entbehrungen und Strapazen als Zimmerfrau in Hotels gearbeitet hat. Ich habe sie beraten und war auch selbst in einer Rolle unterwegs.

VOLKER PANZER: Aber die Sendung heißt ›Team Wallraff‹, nicht?

GÜNTER WALLRAFF: So ist das geplant.

VOLKER PANZER: Aber warum sind Sie von den Öffentlich-Rechtlichen weg?

GÜNTER WALLRAFF: Was heißt weg? Ich bin unabhängig. Ich kann mir vorstellen, auch in der Zukunft wieder etwas mit den Öffentlich-Rechtlichen zu machen. Ich hatte Peter Klöppel angesprochen, den ich für einen sehr integeren und glaubwürdigen Menschen halte und muss sagen, ich habe da offene Türen eingerannt und ein engagiertes und kompetentes Team kennengelernt. Da erreiche ich eine ganz andere Zielgruppe, nämlich auch die Jüngeren. Und auch diejenigen, mit denen ich Arbeitssituationen teile. Ich bin jetzt gerade wieder unterwegs gewesen, weil ich auch meine eigene Arbeit unabhängig von ›Team Wallraff‹ weiterverfolge, darum ist mein Schnauzbart jetzt abrasiert, ich komme gerade aus einer neuen Undercover-Rolle und setze sie auch demnächst wieder fort. Von daher gesehen habe ich bei RTL alle Möglichkeiten, keinerlei Zensurversuche. Ich erreiche damit auch meine Arbeitskollegen, von denen viele noch nie etwas von mir gelesen haben.

VOLKER PANZER: Das kann doch nicht wahr sein.

GÜNTER WALLRAFF: Ja, doch, die Jüngeren vor allem. Ich selbst sehe Öffentlich-Rechtliches, ich sehe Arte, Phönix, regelmäßig. Aber die Jüngeren sehen das ja alle nicht. Ich mache das ja nicht nur, um einen Skandal aufzudecken. Danach gibt es Nacharbeit, z. B. mit Verbraucherverbänden. Ich bleibe an den Themen dran. Ich helfe den Einzelnen und erreiche Verbesserungen und manchmal Einstellungsänderungen.

VOLKER PANZER: Herr Bissinger, gibt es in diesem Bereich des Fernsehjournalismus tatsächlich noch dieses Lagerdenken? Zum Beispiel hat der ›Weser-Kurier‹ zu dem neuen Projekt bei RTL geschrieben: »Jetzt sind auch die Privaten dabei, Abmelken der Methode Wallraff«, damit sie Quote machen. Ist da etwas dran?

MANFRED BISSINGER: Wenn ich bei RTL wäre und würde überlegen, wie ich meinen Ruf etwas verbessere, dann würde ich auch anrufen und sagen: Günter, kommst du zu uns?

GÜNTER WALLRAFF: Umgekehrt. Ich habe mich an sie gewandt.

MANFRED BISSINGER: Ach so, du wolltest deinen Ruf mit RTL verbessern?

GÜNTER WALLRAFF: Ich wollte neue Zielgruppen erreichen.

MANFRED BISSINGER: Das kann ich zu hundert Prozent nachvollziehen. Die ARD macht das RTL ja auch nach, diese schrecklichen Unterhaltungssendungen, von denen es immer mehr gibt, diese Formate haben sie ja von den Privaten.

VOLKER PANZER: Sie haben damals bei ›Panorama‹ gearbeitet.

MANFRED BISSINGER: Ja.

VOLKER PANZER: Vor Kurzem hat ›Report Mainz‹ herausbekommen, dass es schon vor 13 Jahren ein Dokument gegeben hat, in dem stehe, dass der NSU, also der Nationalsozialistische Untergrund, gemeingefährlich sei. Hat eigentlich der investigative Journalismus in diesen 13 Jahren geschlafen? Dass die Politik geschlafen hat oder nicht richtig funktioniert hat, ist vielleicht nachvollziehbar.

MANFRED BISSINGER: Ich weiß nicht, inwieweit der investigative Journalismus den Fall NSU hätte aufdecken können. Ich habe mir diese Frage natürlich gestellt. Aber ich wüsste sie jetzt nicht zu beantworten. In der Regel ist es so, dass es aus irgendwelchen Quellen Hinweise gibt und dass man diesen Hinweisen dann nachgeht und sie recherchiert und sie präziser macht und ausweitet, und dann kommt eine Geschichte zustande.

VOLKER PANZER: Herr Leyendecker, waren Journalisten daran?

HANS LEYENDECKER: Das gehört mit zu meinen Versäumnissen. Aber es hätte sich nichts geändert. 2006 war der letzte Migrantenmord, das war der junge Kasseler, der im Internet-Café seines Vaters ermordet wurde. Ich weiß, dass die Chefredaktion der ›Süddeutschen‹ mich fragte, ob man das nicht mal recherchieren könnte, das war so eine Ceská-Serie, ich fürchte, man hat sogar »Döner-Mordserie« gesagt. Das war ein Begriff, den die ›Nürnberger Nachrichten‹ geprägt haben. Und ich habe gesagt: Nein, ich mache das nicht, ich schreibe nicht über die türkische PKK. Es hätte sich, glaube ich, nichts geändert, wenn man daran gegangen wäre. Man wäre zum Kriminalbeamten hingegangen und hätte gesagt: Kann ich mal alle Akten haben? Man hätte die Aktenergebnisse bekommen, die alle nicht stimmten. Die Akten hatten von Anfang an nur eine Richtung. Organisierte Kriminalität. Zur Wahrheit gehört, dass es in der türkischen Gemeinde – egal, ob Sie nach Kassel oder nach Dortmund schauen, wo Kubasik ermordet wurde – Kreise gab, in die verdeckte Ermittler hineingegangen sind, um zu erfahren, welche türkische Organisation dahinter steckt. Und da haben die Türken gesagt: Hört auf damit, das sind deutsche Rechtsradikale. Also theoretisch hätte ein

Journalist, wenn er denn taugen würde, dort hingehen und das zumindest problematisieren können. Es gab ja damals auch so ein Profil der Mörder, das auf Fremdenhass als Tatmotiv hinwies. Nur – das Profil wurde erwähnt und dann wieder vergessen.

Nur lassen Sie mich Ihre Anfangsgeschichte, also besagtes Dokument von vor 13 Jahren, für eine Sekunde noch mal aufnehmen, weil ich finde, sie ist symptomatisch für das, was wir in diesem Lande gerade veranstalten. Ein TV-Magazin hat unter großem Bohei herausgebracht, dass das Landesamt für Verfassungsschutz in Sachsen eine Telefonüberwachung gemacht hat und in den Telefonüberwachungsantrag reingeschrieben hatte, dass da drei Leute untergetaucht seien und sich zu einer terroristischen Vereinigung entwickeln und dass auch in Zukunft Schlimmes von denen zu erwarten sei. Und daraus wird dann heute, dass es damals tatsächlich eine Behörde gegeben habe, die das gesehen hätte. Und dann kommen die sogenannten Experten, alle in den Magazinen, und erklären: Ungeheuerlich, was erleben wir da? Die Wahrheit hat ganz viele andere Gesichter. Das eine ist, dass die Leute in Sachsen das lediglich reingeschrieben haben, um die Genehmigung für eine dreimonatige Telefonüberwachung zu bekommen. Sie haben das nicht ernsthaft gemeint. Sie haben das auch nicht ernsthaft gedacht. Sie haben auch organisatorisch nichts gemacht. Sie wollten nur, weil drei Leute abgetaucht waren, eine Telefonüberwachung haben. Und jetzt kommen die Experten, die aber nicht wissen, dass das alles 2012 im Ausschuss in Sachsen hoch und runter abgearbeitet wurde, man stellt es im Fernsehen dar, und sie sagen: Das ist ja ungeheuerlich. Genau dieses Dilemma haben wir: das Dilemma, dass wir alle mit angeblichen Exklusivgeschichten brillieren wollen, dass die Leute sagen sollen, die ›Süddeutsche‹, ›Report Mainz‹, ›Panorama‹ und alle anderen sind toll, weil sie etwas Exklusives haben. Kein Mensch prüft, ob von diesem angeblich exklusiven Kram irgendetwas stimmt, ob dieser angeblich exklusive Kram recycelt wurde oder ob er falsch ist, was es ja auch ganz häufig gibt. Das heißt, wir bewegen uns in einer Welt – da sind der ›Spiegel‹, die ›Bild‹, die ›Süddeutsche‹ ganz vorne –, in der es heißt: Die haben soundso viele Exklusivgeschichten. Aber kein Mensch prüft, kein Mensch kann prüfen, was mit diesen Geschichten eigentlich ist. Und deshalb regt mich diese NSU-Geschichte auch so auf. Das ist auch ein bisschen das

Problem der Fernsehmagazine geworden, die natürlich durch die Konkurrenz der Zeitungen, die immer magazinartiger werden, auch kaum noch einen Spielraum haben. Sie sind alle drei Wochen mal dran und müssen dann irgendeine Geschichte brutal durchziehen, damit die Leute sagen: Boah, ist ja doll, was die wieder gebracht haben. Sie dürfen sich eben nicht erlauben, ergebnisoffen zu sein und zu sagen: Das war schon in Sachsen im Ausschuss zu beobachten.

VOLKER PANZER: Ist das das Dilemma, in dem wir im Moment leben: einerseits der zu hohe Druck, die Position, die man hat, zu halten bzw. weiterzugeben, und andererseits, dass ergebnisoffene Recherchen wie die Ihren in ein Nebenkämmerlein abgedrängt werden?

JULIA FRIEDRICHS: Ja. Es gibt immer noch ganz viele, und ich habe den Eindruck, dass es sogar wieder ein bisschen mehr werden, die das so machen und ergebnisoffen arbeiten, gerade unter den Jüngeren. Aber das ist dieses Thema Druck – der ökonomische Druck und der Druck, der auf die Medienhäuser ausgeübt wird, von dem ich zu Beginn meinte, dass das aus meiner Sicht das große Problem ist und vor allem noch stärker wird. Ich erlebe manchmal die Redakteure und die Redaktionen als fast verängstigt, sodass man Geschichten vorher möglichst genau abgrenzen will, dass Protagonisten-Castings gemacht werden, um zu sehen, wer funktioniert, dass gesagt wird: Wir müssen vorher, bevor wir jemanden rausschicken und dafür Gelder bewilligen, eigentlich wissen, was dabei herumkommt, aus einer rein ökonomischen Richtung. Das kann man runterdeklinieren bis an den Schluss der Nahrungskette, bis zu den freien Journalisten, ich bin ja freie Autorin. Da ist der ökonomische Druck für viele enorm geworden. Bei den Honoraren, die gerade für lange aufwendige Geschichten gezahlt werden, kann man sich kaum erlauben, auch mal eine nicht zu machen. Eine große überregionale Zeitung zahlt für ihren wichtigsten Text der Woche, der so ungefähr acht bis zehn DIN-A-4-Seiten umfasst und wofür man fünf bis sechs Wochen recherchiert, 2.500 Euro brutto an freie Journalisten, an Leute, die das seit Jahrzehnten machen, weil das angeblich die Königsdisziplin ist. Das vermittelt natürlich den Journalisten auch, dass diese langen, aufwendigen Geschichten eigentlich nicht so viel wert sind. So erlebe ich das zumindest. Bei den Öffentlich-Rechtlichen geht es nicht so stark über die Honorare, sondern über die Sendeplätze – auch da hat man manchmal das Gefühl, man wird ein bisschen an den Rand geschoben. Das sehe ich als Riesenproblem. Bei dem einen kostet man, bei den anderen bringt man vielleicht nicht die Quote, die man gerne hätte. Und manchmal fühlt man sich da wie ein Feigenblatt, wo alle dann, wenn es Preise gibt, sagen: Oh, das ist super, dass wir das haben. Aber im Redaktionsalltag, glaube ich, müsste das noch wesentlich mehr geschützt werden.

GÜNTER WALLRAFF: Da sehe ich das Hauptproblem auch im Hinblick auf die Zukunft des Journalismus. Und dazu kommt der Anzeigenschwund bei den Zeitungen – früher sagte man, zwei Drittel werden durch Anzeigen finanziert, durch das Internet ist das auf ein Drittel reduziert. Es gibt immer weniger Möglichkeiten, gerade auch in den normalen Zeitungen – bei der ›Zeit‹, der ›Süddeutschen‹ und meinetwegen auch beim ›Spiegel‹ ist das noch anders –, dass jemand einmal freigestellt wird und für eine längere Zeit ein Thema gründlich recherchiert und auch das Recht hat, zu sagen: Es ist doch alles ganz anders, es hat sich erübrigt, und trotzdem nicht abgestraft wird. Von daher sehe ich die Zukunft des Print-Journalismus wirklich sehr, sehr düster. Wir sollten deswegen auch überlegen, ob es nicht Stipendien geben müsste, unabhängige Fonds, die so etwas unterstützen, die die Erfüllung des Auftrags, der im Grundgesetz festgeschrieben ist, auch in Zukunft ermöglichen. Der NSU-Untersuchungsausschuss leistet das eigentlich zur Zeit; wir haben Glück, dass kritische Politiker darin sind und nicht, wie es so oft ist, alles unter den Teppich gekehrt wird. Da sind Politiker aus allen im Bundestag vertretenen Parteien, die ernsthafte Aufklärung verlangen, auch weil der Druck der Öffentlichkeit da ist. Aber für die Zukunft müssen wir überlegen, ob nicht ein Konzept wie in Schweden auch hier taugt, wo Konkurrenzzeitungen staatlich subventioniert werden, ohne dass Einfluss genommen wird. Es bräuchte dafür natürlich vom Staat unabhängige Gremien, die das garantieren.

VOLKER PANZER: Ist das ein Weg, aus der ständigen Ökonomisierung von allem und jedem herauszukommen? Es gab 2007 eine Möglichkeit: Die ›Süddeutsche‹ sollte verkauft werden; Habermas hat dazu einen sehr schönen Aufsatz geschrieben und gefordert: Sie müsste öffentlich subventioniert, also zu einer Staatszeitung, in Anführungszeichen, werden. Aber wäre das nicht das Ende des Journalismus?

MANFRED BISSINGER: Eine Staatszeitung kann ich mir überhaupt nicht vorstellen. Es gibt ja Modelle, wenn ich das in der ›Süddeutschen‹ richtig gelesen habe. Es gibt in Amerika eine Gruppe, die Geld sammelt, um große, manchmal auch jahrelange Recherchen zu finanzieren. Das sind reiche Leute, aber es sind auch ganz normale Leute, die mal 100 Dollar geben. Dagegen hätte ich nichts.

JULIA FRIEDRICHS: Dazu laufen ja jetzt auch in Deutschland die ersten beiden Testversuche.

GÜNTER WALLRAFF: Das werden dann öffentlich-rechtliche Zeitungen.

MANFRED BISSINGER: Ja, öffentlich-rechtliche Zeitungen.

VOLKER PANZER: Wie würden Sie in die Zukunft schauen? Wie sieht der Journalismus, sagen wir mal, in 20 Jahren aus? Wird es da überhaupt noch Zeitschriften geben, oder gibt es alles nur online?

HANS LEYENDECKER: In Amerika werden ja schon Todesanzeigen formuliert, wann welche Zeitung sterben wird, und bei uns soll es, glaube ich, 2030 keine Print-Zeitungen mehr geben. Ich halte das alles für Quatsch. Ich glaube, dass eine Menge Zeitungen sterben, dass aber auch viele wichtige Zeitungen bleiben werden. Die werden dann mit einem anderen Publikum zurechtkommen. Worüber wir heute noch gar nicht gesprochen haben, was aber eigentlich bei allem, was wir machen, im Zentrum steht, ist das Publikum. Ich erlebe das Publikum in der Regel als voreingenommen, als ein Publikum, das nicht an wirklichen Ergebnissen interessiert ist. Das Publikum will in seiner Meinung bestätigt werden.

VOLKER PANZER: Im Publikum gibt es die Lager noch.

HANS LEYENDECKER: Ja, aber das halte ich für ein Riesenproblem. Warum mache ich mir die Arbeit, lese 700 NSU-Akten und spreche mit 40 Leuten, um dann festzustellen, es gab keine Staatsverschwörung, es hat aber handwerkliches Versagen gegeben? Da sagt das Publikum: Diesen Mist wollen wir gar nicht hören. Wo bleibt die Verschwörung?

VOLKER PANZER: Schlecht recherchiert, Herr Leyendecker.

HANS LEYENDECKER: Teile des Publikums wollen doch hören: Hier der Staat, es ist alles immer schlimmer, das Bundesamt für Verfassungsschutz, das Landesamt. Wieso sieht der Journalist da weg? Das Problem haben Sie bei großen wie bei kleinen Themen. Die Leute sagen: Guter Mann – der schreibt, was ich denke. Wieso bin ich ein guter Mann, wenn ich schreibe, was einer denkt? Ich bin doch ein guter Mann, wenn ich versucht habe, etwas herauszufinden, und das möglichst differenziert, um es dann einigermaßen klug darzustellen. Ich glaube gleichwohl, dass wir auf der anderen Seite ein Publikum haben werden, das bereit ist, eine Menge dafür zu zahlen, dass es Zeitungen gibt. Schirrmacher hat nach meiner Erinnerung mal von fünf Euro gesprochen, die die Zeitung eines Tages kosten wird. Ich weiß nicht, ob es Menschen geben wird, die eines Tages fünf Euro für eine Tageszeitung zahlen. Die Abonnentenzahlen werden deutlich heruntergehen. Aber ich glaube schon, dass man ökonomische Modelle finden wird, mit denen guter Journalismus, der sich unterscheidet auch von dem, was andere darbieten, überleben wird. Daran habe ich eigentlich keinen Zweifel.

VOLKER PANZER: Braucht Wallraff eigentlich die Zeitschriften? Er hat das Fernsehen, er hat die Möglichkeit, Bücher zu machen. Und er ist eine moralische Instanz.

GÜNTER WALLRAFF: Als ich anfing, habe ich fast ausschließlich über Zeitschriften, Gewerkschaftszeitungen und Bücher veröffentlicht. Inzwischen aber ist, glaube ich, die virtuelle Darstellung genauso wichtig. Das ergänzt sich, das ist kein Widerspruch und schafft auch mehr Glaubwürdigkeit. Aber ich würde umgekehrt sagen: Es ist eine Beschleunigung im Gange, selbst Studenten haben gar nicht mehr die Zeit, ausführlich Bücher zu lesen, sie informieren sich fastfoodmäßig im Internet oder haben einen ganz eingeengten Blickwinkel, das kann man ihnen nicht vorwerfen. Ich erlebe es in meinem Umfeld, wie eingeengt zurzeit die Wahrnehmung ist. Und von daher lesen die Jüngeren zum Teil kaum noch Bücher, wenn es außerhalb ihrer Fachrichtung ist. Die Angst, überhaupt noch einen Job zu kriegen, ist groß, zumal wenn sie nicht aus begüterten Familien kommen –

80 Prozent der Akademiker-Kinder werden wieder Akademiker durch Hilfestellungen und Protektion und so weiter. Da sehe ich das Hauptproblem. Wir müssen wieder entschleunigen, und das ist nicht nur ein Problem der Presse, sondern unserer gesamten Arbeitsbedingungen, unserer gesamten Gesellschaft. Wir leben in einer Klassengesellschaft, ja fast in einer Kastengesellschaft, ein großer Teil der Bevölkerung ist von der öffentlichen Diskussion abgehängt, von der kulturellen sowieso, und denen müssen wir den Lesestoff schmackhaft machen, in dem sie sich selbst wiedererkennen. Ich bekomme jede Woche Zuschriften aus Betrieben, erschütternde Zuschriften, darin steht, was Menschen angetan wird, wie sie entrechtet sind. Das muss man wiederum öffentlich machen, dran bleiben und dabei zeigen, dass man etwas ändern kann, denn wir leben ja in einer Demokratie, wir können das ändern. Da sollten Journalismus, Verbraucherverbände und andere Institutionen eine Wechselwirkung haben und daran arbeiten, dass diese Dinge nicht nur einmal als Sensation rausgepustet werden, sondern dass dann auch tatsächlich vor Ort etwas geschieht. Ich habe große Hoffnungen, dass wir das erreichen können. Nur muss das organisiert werden.

VOLKER PANZER: Frau Friedrichs, auf der einen Seite Hoffnung, auf der anderen Seite aber ein sehr negatives Bild der Gegenwart: Wenn ich vorhin gefragt habe, wie der Journalismus in 20 Jahren aussieht, dann werden wir älteren Herren hier das wahrscheinlich nicht mehr erleben, aber Sie werden es erleben. Wie schauen Sie in die Zukunft?

JULIA FRIEDRICHS: Ratlos, aber eigentlich optimistisch. Ich glaube, es wäre mit 30 anders auch blöd. Ich will diesen Job noch sehr lange machen, weil ich finde, dass es ein großartiger Beruf ist, und ich bin heilfroh über vieles, was den deutschen Journalismus ausmacht: Ich kann alle Fragen stellen, die ich möchte, ich kann hingehen, wohin ich möchte. Wir haben ganz vieles, das sich zu verteidigen lohnt. Manchmal, finde ich, könnte man das noch ein bisschen offensiver sagen. Ich glaube, diese ganzen Prognosen, wie Sie ja auch schon gesagt haben, sind mit Vorsicht zu genießen. Als ich Ende der 90er angefangen habe, Journalismus zu studieren, da wurden ›The Daily Me‹, die digitale Zeitung, und somit das Ende des Print-Produkts schon für die nahe Zukunft prognostiziert. Das ist so nicht gekommen. Ich bin, was das angeht, extrem konservativ: Ich möchte das Papier in der Hand haben und hoffe deshalb sehr, dass die Zeitung überlebt. Ich glaube aber, dass niemand letzten Endes ernsthaft prognostizieren kann, wie es ausgehen wird. Ich würde Hans Leyendecker da ganz entschieden recht geben, dass das vor allem vom Publikum abhängt. Ich finde, wir haben jetzt sehr viel über Journalisten geredet, aber ich würde mir manchmal auch wünschen, dass sich das Publikum ein bisschen ernster nimmt. Ich habe da immer als Beispiel meinen Vater, der immer sagt: Diese ganzen politischen Talkshows kann man auch alle nicht mehr sehen, der sich die aber alle anguckt, und der im nächsten Satz sagt: Das, was sie mal bringen sollten, sind gut recherchierte Reportagen. Und wenn man die Leute auf der Straße fragt: Was wollen Sie im Fernsehen sehen? Dann sagen die: Hintergründige Reportagen über Auslandsthemen. Und das ist das, was sie nicht gucken. Denn wenn sie das alle gucken würden, dann würde das trotz aller Ängste der Sendeverantwortlichen um viertel nach acht laufen. Letzten Endes liegt es ja auch in der Hand des Publikums. Wenn man den Zustand des Journalismus schlimm findet: Er ist urdemokratisch, denn man kann ihn ändern.

VOLKER PANZER: Herr Bissinger, Sie sollen das Schlusswort bekommen. Hans-Joachim Friedrichs, mit dem ich noch zusammenarbeiten durfte, sagt: »Ein Journalist macht sich nicht gemein mit einer Sache, auch nicht mit einer guten.«

MANFRED BISSINGER: Ja. Ich habe ihm immer widersprochen.

VOLKER PANZER: Warum?

MANFRED BISSINGER: Ich habe ihm immer widersprochen, weil für mich zur Aufklärung auch ruhig mal Parteinahme erlaubt sein darf. Im Übrigen widerspreche ich auch allen, die sagen: Es wird keine Zeitungen und Zeitschriften mehr geben. Solange es Herrn Kauffmann gelingt, an einem Sonntagnachmittag in Neuhardenberg einen Saal voll von Leuten zu kriegen, die sich ein Gespräch über die Zukunft des Journalismus anhören wollen, solange wird es auch Menschen geben, die eine Zeitung kaufen, am Ende vielleicht sogar für fünf Euro oder mehr. Die Grünen wollten den Liter Sprit mal so teuer machen. Für einen Liter Sprit eine gute ›Süddeutsche‹ – dagegen kann man gar nichts sagen. Ich bin ganz und gar der Meinung von Herrn Leyendecker: Die Zeitungen werden weniger werden. Das schadet aber nicht, weil diejenigen, die bleiben, mehr Publikum haben. Also ein paar können ruhig nach dem Darwinschen Gesetz langsam, aber sicher verschwinden. Damit hätte ich keine Probleme.

VOLKER PANZER: Ja, liebe Frau Friedrichs, meine Herren, liebes Publikum, die gute Stunde der Debatte über »Die Vierte Gewalt – Vom Verschwinden des investigativen Journalismus« ist zu Ende. Als wirklicher Optimist, der ich mein Leben lang war und bin, würde ich dahinter ein Fragezeichen setzen. Aber wie immer enden wir hier auch mit einem Zitat. Einer der ersten investigativen Journalisten, Egon Erwin Kisch, der Anfang des letzten Jahrhunderts die Geschichte über Oberst Redl enttarnt hat, hat ja Recht, wenn er im Vorwort seines Buches ›Der rasende Reporter‹ schreibt: »Nichts ist verblüffender als die einfache Wahrheit, nichts ist exotischer als unsere Umwelt, nichts ist fantasievoller als die Sachlichkeit und nichts Sensationelleres in der Welt gibt es als die Zeit, in der man lebt«.

Autoren und Stiftung

MANFRED BISSINGER, geb. 1940, ist ein deutscher Publizist. Von 1967–1978 arbeitete er, zuletzt als Stellvertretender Chefredakteur, beim ›Stern‹. Ab 1981 war er Chefredakteur der Zeitschriften ›konkret‹, ›Natur‹ (1985), ›Merian‹ (1989). Bis 2002 wirkte er als Geschäftsführer, Herausgeber und Chefredakteur der Zeitung ›Die Woche‹. Von 2001 bis 2010 war Bissinger Geschäftsführer Corporate Publishing des Hoffmann & Campe Verlages. Heute arbeitet er als selbstständiger Kommunikationsberater.

JULIA FRIEDRICHS, geb. 1979, ist deutsche Journalistin und Autorin. Sie arbeitet in der Redaktion der WDR-Sendereihe ›die story‹ und für ›Die Zeit‹. 2005 nahm sie am Rekrutierungsprozess der Unternehmensberatung McKinsey teil und berichtete darüber u. a. in der ›Zeit‹. 2007 erhielt sie den Axel-Springer- und den Ludwig-Erhardt-Förderpreis für ihre Reportage ›Abgehängt – Leben in der Unterschicht‹. 2008 erschien ihr Buch ›Gestatten: Elite‹.

HANS LEYENDECKER, geb. 1949, gilt als profiliertester Investigativ-Journalist Deutschlands. Ab 1979 arbeitete er beim ›Spiegel‹. Dort deckte er 1982 die »Flick-Affäre« auf. Ab 1997 bei der ›Süddeutschen Zeitung‹, machte er 1999 die Spendenaffäre um Helmut Kohl publik. 2009 deckte er die Selbstbereicherung Doris Heinzes, damals Chefin des NDR Fernsehspiels, auf. Er ist Leiter des Ressorts Investigative Recherche bei der ›Süddeutschen Zeitung‹.

GÜNTER WALLRAFF, geb. 1942, ist deutscher Enthüllungsjournalist und Schriftsteller. 1974 protestierte er in Griechenland gegen die Militärregierung, wofür er zu 14 Monaten Haft verurteilt wurde. 1977 arbeitete er für dreieinhalb Monate für die ›Bild‹ und deckte deren journalistisch unsaubere Arbeitsweisen auf. 2009 erschien der Film ›Schwarz auf Weiß‹, indem er als Schwarzer verkleidet latentem und offenem Rassismus in Deutschland begegnete.

VOLKER PANZER, geb. 1947, arbeitete nach dem Studium der Germanistik, Soziologie und Pädagogik seit 1977 als Journalist für das ZDF (›aspekte‹, ›Terra X‹) und als Redaktionsleiter ›Kunst und Publizistik‹ von 1992 bis 1994 beim Deutschlandsender Kultur. Er leitete von 1994 bis 1997 die ZDF-Redaktion ›Kultur und Gesellschaft‹ und hat 1997 das ›ZDF nachtstudio‹, dessen Leiter und Moderator er bis 2012 war, aus der Taufe gehoben.

Die STIFTUNG SCHLOSS NEUHARDENBERG, eine Stiftung der Sparkassen-Finanzgruppe, betreibt seit 2002 in Schloss Neuhardenberg ein Zentrum für Kunst und Kultur, Wissenschaft und Wirtschaftsethik mit einem Fünf-Sterne-Hotel und zwei Restaurants. Schloss Neuhardenberg ist Refugium und Bühne zur Welt. Einerseits ein ruhiger Ort der Konzentration für Gespräche und Konferenzen, andererseits ein Platz für internationale Produktionen, die sich künstlerisch, politisch und wissenschaftlich den Fragen und Aufgaben der Gegenwart stellen. Das ruhige, genaue Produzieren, das gelassen-intensive Gespräch, das Zuhören, das Nachdenken: diese Grundformen der Daseins- und Schaffensweise sollen der hastigen

Sucht nach schnellen Informationen die Muße und die Gelassenheit des Verstehens entgegensetzen und sind Fundament für das Veranstaltungsprogramm. Ziel ist es, in Neuhardenberg einen Ort zu schaffen, an dem Gewusstes neu gedacht, schon einmal Gehörtes wieder zur Sprache gebracht, Gesehenes erneut betrachtet, Empfundenes berührbar gemacht werden kann.

Stiftung Schloss Neuhardenberg
Eine Gesellschaft des Deutschen Sparkassen- und Giroverbandes
Generalbevollmächtigter und Geschäftsführer:
Bernd Kauffmann

Geschäftsführerin: Petra Lienhop
Vorsitzender des Aufsichtsrats und des
Kuratoriums: Georg Fahrenschon
Kurfürstendamm 214, 10719 Berlin, Germany

Ein besonderes Gespräch über das europäische Projekt

Hans-Dietrich Genscher
Heinrich August Winkler
Europas Zukunft –
in bester Verfassung?
88 Seiten
Klappenbroschur
ISBN 978-3-451-30749-2

Heinrich August Winkler und Hans-Dietrich Genscher schlagen in ihrem von Volker Panzer moderierten Gespräch über Europa einen weiten Bogen: von den Anfängen der Einigungsbestrebungen nach dem Zweiten Weltkrieg bis in die Gegenwart, von der gegenwärtigen Krise des europäischen Modells bis zu denkbaren und wünschenswerten Lösungen in der Zukunft. Eine bemerkenswerte, scharfsinnige Diskussion, reich an politischer Erfahrung und historischer Tiefe.

In jeder Buchhandlung

HERDER

Lesen ist Leben

www.herder.de

Printed in Poland
by Amazon Fulfillment
Poland Sp. z o.o., Wrocław

11612749R00054